보현행원품 사경

普賢行願品 寫經

🪷 일러두기

1. 『사경본 한글역 대방광불화엄경 보현행원품』은 『독송본 한문·한글역 대방광불화엄경 보현행원품』의 한글역을 사경하는 데 편의를 도모하기 위해 편집을 달리하여 간행한 것이다.

2. 『독송본 한문·한글역 대방광불화엄경 보현행원품』은 계빈국 삼장 반야(般若)가 한역(795~798)한 40권 『대방광불화엄경』(『입부사의해탈경계보현행원품』) 제40권의 한문 원문과 한글역을 함께 수록한 것이다. 한문 저본은 동국대학교에서 영인(影印, 1976)한 고려대장경(제36권) 실(實) 함(函)에 수록된 『대방광불화엄경(大方廣佛華嚴經)』 제40권이다.

3. 한글 번역은 동국역경원에서 발간한 한글 『대방광불화엄경』(운허)을 중심으로 하고 『대방광불화엄경 강설』(여천무비) 그리고 최근의 여타 번역본 등을 참조하였다.

4. 한글 번역은 독송과 사경을 위하여 정확성과 아울러 가독성을 고려하였다. 극존칭은 부처님께만 사용하였다.

5. 사경본의 차례는 일러두기 → 본문 → 간행의 말씀이다.

사경본 한글역

대방광불화엄경 제40권

입부사의해탈경계보현행원품

수미해주

普賢
菩薩

대방광불화엄경 보현행원품 변상도
국립중앙박물관 소장

대방광불화엄경 제40권

입부사의해탈경계보현행원품

_____ 은(는)『대방광불화엄경』을

사경하는 인연공덕으로

『화엄경』이 널리 유통되고

우리 모두 다함께 보리 이루기를 발원하옵니다.

대방광불화엄경
제40권

입부사의해탈경계보현행원품

그때에 보현 보살마하살이 여래의 수승하신 공덕을 찬탄하고 나서 모든 보살들과 선재에게 말씀하였다.

"선남자여, 여래의 공덕은 가령 시방의 일체 모든 부처님께서 말할 수

없이 말할 수 없는 부처님 세계의 극
히 미세한 티끌 수의 겁이 지나도록
계속 연설하시더라도 끝까지 다하지
못할 것이다. 만약 이 공덕문을 성취
하려면 반드시 열 가지 넓고 큰 행원
을 닦아야 한다.

무엇이 열인가?
첫째는 모든 부처님께 예경함이요,
둘째는 여래를 칭찬함이요,
셋째는 널리 공양을 닦음이요,
넷째는 업장을 참회함이요,

다섯째는 공덕을 따라 기뻐함이요,

여섯째는 법륜 굴리시기를 청함이
요,

일곱째는 부처님께서 세상에 머무
르시기를 청함이요,

여덟째는 항상 부처님을 따라 배움
이요,

아홉째는 항상 중생들을 수순함이
요,

열째는 널리 다 회향함이다."

선재가 말씀드렸다.

"큰 성인이시여, 어떻게 예경하며 내지 회향합니까?"

보현 보살이 선재에게 말씀하였다.

"선남자여, 모든 부처님께 예경한다는 것은, 있는 바 온 법계 허공계 시방 삼세 일체 부처님 세계의 극히 미세한 티끌 수의 모든 부처님 세존께 내가 보현의 행원력으로써 깊은 믿음과 이해를 일으켜, 마치 눈앞에서 뵙듯이 모두 청정한 몸과 말과 뜻

의 업으로 항상 예경을 닦는 것이
다.

낱낱 부처님 처소에 모두 말할 수
없이 말할 수 없는 부처님 세계의 극
히 미세한 티끌 수의 몸을 나타내어,
낱낱 몸으로 말할 수 없이 말할 수
없는 부처님 세계의 극히 미세한 티
끌 수의 부처님께 두루 예경하는 것
이다.

허공계가 다하면 나의 예경도 이에
다하려니와 허공계가 다할 수 없으
므로 나의 이 예경도 끝까지 다함이

없으며, 이와 같이 내지 중생계가 다 하고 중생의 업이 다하고 중생의 번뇌가 다하면 나의 예경도 이에 다하려니와, 중생계와 내지 번뇌가 다함이 없으므로 나의 이 예경도 끝까지 다함이 없다.

생각생각 상속하여 끊임이 없으나, 몸과 말과 뜻의 업은 피로해하거나 싫어함이 없다.

다시 또 선남자여, 여래를 칭찬한다는 것은, 있는 바 온 법계 허공계

시방 삼세 일체 세계에 있는 바 극히 미세한 낱낱 티끌 가운데 모두 일체 세계의 극히 미세한 티끌 수의 부처님이 계시며, 낱낱 부처님 처소에 모두 한량없는 보살들이 모여 둘러싸 모심에, 내가 마땅히 다 매우 깊고 수승한 이해와 앞에 나타난 지견으로 각각 변재천녀보다 나은 미묘한 혀를 내어, 낱낱 혀로 다함없는 음성바다를 내며 낱낱 음성으로 일체 언어바다를 내어서, 일체 여래의 모든 공덕바다를 드날려 찬탄하되,

미래제가 다하도록 상속하여 끊이지
아니하고 온 법계에 두루하지 않음
이 없는 것이다.

이와 같이 허공계가 다하며 중생계
가 다하며 중생의 업이 다하며 중생
의 번뇌가 다하면 나의 찬탄도 이에
다하려니와, 허공계와 내지 번뇌가
다함이 없으므로 나의 이 찬탄도 끝
까지 다함이 없다.

생각생각 상속하여 끊임이 없으나,
몸과 말과 뜻의 업은 피로해하거나
싫어함이 없다.

다시 또 선남자여, 널리 공양을 닦
는다는 것은, 있는 바 온 법계 허공
계 시방 삼세 일체 부처님 세계의 극
히 미세한 티끌 가운데 낱낱마다 각
각 일체 세계의 극히 미세한 티끌 수
의 부처님이 계시며, 낱낱 부처님 처
소에 갖가지 한량없는 보살들이 모
여 둘러싸 모심에, 내가 보현의 행원
력으로 깊은 신해와 앞에 나타나는
지견을 일으켜 모두 가장 미묘한 모
든 공양거리로 공양 올리는 것이다.

이른바 꽃구름과 꽃다발구름과 하

늘음악구름과 하늘일산구름과 하늘
의복구름과 하늘갖가지 향과 바르
는 향과 사르는 향과 가루향이니, 이
와 같은 등 구름의 낱낱 양이 수미
산왕과 같다.

갖가지 등불을 켜되 소등과 유등
과 모든 향유등이니, 낱낱 등의 심지
가 수미산과 같으며 낱낱 등의 기름
이 큰 바닷물과 같다.

이와 같은 모든 공양거리로 항상
공양 올리는 것이다.

선남자여, 모든 공양 가운데 법공

양이 최상이니 이른바 설하심과 같이 수행하는 공양이며, 중생을 이롭게 하는 공양이며, 중생을 섭수하는 공양이며, 중생의 고통을 대신 받는 공양이며, 부지런히 선근을 닦는 공양이며, 보살업을 버리지 않는 공양이며, 보리심을 여의지 않는 공양이다.

선남자여, 앞과 같은 공양의 한량없는 공덕을 한 생각 법공양의 공덕에 비교한다면 백분의 일에도 미치지 못하며, 천분의 일에도 미치지 못하며, 백천구지나유타분과 가라분과 산분과 수분과 유분과 우파니사타분의 일에도 또한 미치지 못한다.

무슨 까닭인가? 모든 여래께서 법을 존중하시는 까닭이며, 설하심과 같이 수행함으로써 모든 부처님을 출생하시는 까닭이다.

만약 모든 보살들이 법공양을 행하면 곧 여래께 공양 올림을 성취하니, 이와 같은 수행이 진실한 공양인 까닭이다.

이 넓고 크고 가장 수승한 공양은 허공계가 다하며 중생계가 다하며 중생의 업이 다하며 중생의 번뇌가 다하면 나의 공양도 이에 다하려니와, 허공계와 내지 번뇌가 다할 수 없으므로 나의 이 공양도 또한 다함이 없다.

생각생각 상속하여 끊임이 없으나, 몸과 말과 뜻의 업은 피로해하거나 싫어함이 없다.

다시 또 선남자여, 업장을 참회한

다는 것은, 보살이 스스로 생각하되 '내가 과거 비롯함이 없는 겁 가운데 탐욕과 성냄과 어리석음으로 말미암아 몸과 입과 뜻을 일으켜서 모든 악업을 지음이 한량없고 가없으니, 만약 이 악업이 체상이 있다면 온 허공계로도 수용할 수 없을 것이다.

내가 이제 다 청정한 삼업으로써 법계의 극히 미세한 티끌 세계의 일체 모든 부처님과 보살 대중 앞에 두루 성심으로 참회하고 이후로 다시는 짓지 아니하며 항상 청정한 계의 일체 공덕에 머무르리라.'고 하는 것이다.

이와 같이 허공계가 다하며 중생계가 다하며 중생의 업이 다하며 중생의 번뇌가 다하면 나의 참회도 이에 다하려니와, 허공계와 내지 중생의 번뇌가 다할 수 없으므로 나의 이 참회도 끝까지 다함이 없다.

생각생각 상속하여 끊임이 없으나, 몸과 말과 뜻의 업은 피로해하거나 싫어함이 없다.

다시 또 선남자여, 공덕을 따라 기
뻐한다는 것은, 있는 바 온 법계 허
공계 시방 삼세 일체 부처님 세계의
극히 미세한 티끌 수의 모든 부처님
여래께서 처음 발심하심으로부터 일
체지를 위하여 부지런히 복덕을 닦
되 몸과 목숨을 아끼지 아니하시고,
말할 수 없이 말할 수 없는 부처님
세계의 극히 미세한 티끌 수의 겁을
지나는 동안 낱낱 겁 가운데 말할 수
없이 말할 수 없는 부처님 세계의 극
히 미세한 티끌 수의 머리와 눈과 손

과 발을 보시하시었다.

　이와 같은 일체 난행과 고행으로 갖가지 바라밀문을 원만히 하시며, 갖가지 보살의 지혜의 지위에 증득해 들어가서 모든 부처님의 위없는 보리를 성취하시며 그리고 열반에 드시어 사리를 분포하신, 있는 바 선근을 내가 다 따라 기뻐하는 것이다.

　그리고 저 시방 일체 세계의 여섯 갈래에서 네 가지로 생겨나는 일체 종류의 있는 바 공덕과 내지 한 티끌만 한 것이라도 내가 다 따라 기뻐하며, 시방 삼세의 일체 성문과 벽지불인 유학과 무학의 있는 바 공덕을 내가 다 따라 기뻐하며, 일체 보살의 닦은 바 한량없는 난행과 고행으로 뜻에 무상정등보리를 구하는 광대한 공덕을 내가 다 따라 기뻐하는 것이다.

이와 같이 허공계가 다하며 중생계가 다하며 중생의 업이 다하며 중생의 번뇌가 다하여도, 나의 이 따라 기뻐함은 끝까지 다함이 없다.

생각생각 상속하여 끊임이 없으나,

몸과 말과 뜻의 업은 피로해하거나 싫어함이 없다.

다시 또 선남자여, 법륜 굴리시기를 청한다는 것은, 있는 바 온 법계 허공계 시방 삼세 일체 부처님 세계의 극히 미세한 티끌 가운데 낱낱마다 각각 말할 수 없이 말할 수 없는 부처님 세계의 극히 미세한 티끌 수의 광대한 부처님 세계가 있으며, 낱낱 세계 가운데 생각생각 말할 수 없이 말할 수 없는 부처님 세계의 극히

미세한 티끌 수의 일체 모든 부처님
께서 등정각을 이루시어, 일체 한량
없는 보살들이 모여 둘러싸 모심에,
내가 다 몸과 입과 뜻의 업의 갖가지
방편으로 미묘한 법륜 굴리시기를
은근히 권청하는 것이다.

이와 같이 허공계가 다하며 중생계
가 다하며 중생의 업이 다하며 중생
의 번뇌가 다하여도, 나의 항상 일
체 모든 부처님께 바른 법륜 굴리시
기를 권청함은 끝까지 다함이 없다.

생각생각 상속하여 끊임이 없으나,

몸과 말과 뜻의 업은 피로해하거나 싫어함이 없다.

다시 또 선남자여, 부처님께 세상에 머무르시기를 청한다는 것은, 있는 바 온 법계 허공계 시방 삼세 일체 부처님 세계의 극히 미세한 티끌 수의 모든 부처님 여래께서 장차 열반에 드심을 나타내 보이시려는 분과, 그리고 모든 보살과 성문과 연각과 유학과 무학과 내지 일체 모든 선지식들에게 내가 다 권청하되 '열반에 들지 마시고 일체 부처님 세계의 극히 미세한 티끌 수의 겁을 지나도록 일체 중생을 이롭고 즐겁게 해주소서.'라고 하는 것이다.

이와 같이 허공계가 다하며 중생계가 다하며 중생의 업이 다하며 중생의 번뇌가 다하여도, 나의 이 권청은 끝까지 다함이 없다.

생각생각 상속하여 끊임이 없으나, 몸과 말과 뜻의 업은 피로해하거나 싫어함이 없다.

다시 또 선남자여, 항상 부처님을 따라 배운다는 것은, 이 사바세계의 비로자나 여래께서 처음 발심하심으로부터 정진하여 물러나지 아니하시고 말할 수 없이 말할 수 없는 몸과 목숨으로 보시하시며, 가죽을 벗겨 종이로 삼고 뼈를 쪼개어 붓으로 삼고 피를 뽑아 먹물로 삼아서 경전을 베껴 써서 쌓기를 수미산같이 하셨으니, 법을 존중하시는 까닭에 몸과 목숨을 아끼지 아니하시었다.

어찌 하물며 왕위와 성읍과 취락과

궁전과 원림과 일체 가진 것과 및 나
머지 갖가지 난행과 고행이겠는가?

내지 보리수 아래에서 대보리를 이
루시고, 갖가지 신통을 보이시며, 갖
가지 변화를 일으키시며, 갖가지 부
처님 몸을 나타내시어 갖가지 대중
모임에 계시었다.

혹은 일체 모든 큰 보살들의 대중
모임 도량에 계시며, 혹은 성문과 벽
지불의 대중모임 도량에 계시며, 혹
은 전륜성왕과 소왕과 권속의 대중
모임 도량에 계시며, 혹은 찰제리와

바라문과 장자와 거사의 대중모임 도량에 계시며, 내지 혹은 천룡팔부와 사람과 사람 아닌 것 등의 대중모임 도량에 계시었다.

이와 같은 갖가지의 대중모임에 계시며 원만한 음성을 큰 우레 소리와 같이 하여 그 욕락을 따라 중생을 성숙시키며 내지 열반에 듦을 나타내 보이셨다.

이와 같은 일체를 내가 다 따라 배우되 지금의 세존이신 비로자나께와 같이 하며, 이와 같이 온 법계 허공계 시방 삼세의 일체 부처님 세계의 있는 바 티끌 가운데 일체 여래께도 다 또한 이와 같이 하여, 생각생각 가운데 내가 다 따라 배우는 것이다.

이와 같이 허공계가 다하며 중생계가 다하며 중생의 업이 다하며 중생의 번뇌가 다하여도, 나의 이 따라 배움은 끝까지 다함이 없다.

생각생각 상속하여 끊임이 없으나, 몸과 말과 뜻의 업은 피로해하거나 싫어함이 없다.

다시 또 선남자여, 항상 중생을 수순한다는 것은, 말하자면 온 법계 허공계 시방 세계바다의 있는 바 중생들이 갖가지로 차별하니, 이른바 난생과 태생과 습생과 화생이다.

혹은 땅과 물과 불과 바람을 의지하여 생겨나 머무르는 것도 있으며, 혹은 허공과 모든 풀과 나무를 의지하여 생겨나 머무르는 것도 있다.

갖가지 중생 종류와 갖가지 색신과 갖가지 형상과 갖가지 모양과 갖가지 수명과 갖가지 종족과 갖가지

이름과 갖가지 심성과 갖가지 지견과 갖가지 욕락과 갖가지 뜻의 행과 갖가지 위의와 갖가지 의복과 갖가지 음식으로, 갖가지 시골 마을과 성읍과 궁전에 거처한다.

내지 일체 천룡팔부와 사람과 사람 아닌 것들과 발이 없는 것과 두 발 가진 것과 네 발 가진 것과 여러 발 가진 것과 몸이 있는 것과 몸이 없는 것과 생각이 있는 것과 생각이 없는 것과 생각이 있지도 않고 생각이 없지도 않는 것이다.

　이와 같은 등 부류를 내가 다 그들에게 수순하여 굴려서 갖가지로 받들어 섬기며 갖가지로 공양하기를 부모같이 공경하며, 스승과 아라한과 내지 여래같이 받들어 동등하게 다름이 없이 한다.

　모든 병고에 좋은 의사가 되며, 길을 잃은 자에게 그 바른 길을 보이며, 어두운 밤중에 광명이 되며, 빈궁한 자에게 묻혀 있는 보배를 얻게 하니, 보살이 이와 같이 평등하게 일체 중생을 요익하게 한다.

무슨 까닭인가? 보살이 만약 능히 중생을 수순하면 곧 모든 부처님을 수순하고 공양 올림이 되며, 만약 중생을 존중하여 받들어 섬기면 곧 여래를 존중하여 받들어 섬김이 되며, 만약 중생으로 하여금 환희를 내게 하면 곧 일체 여래를 환희하시게 하는 것이다.

무슨 까닭인가? 모든 부처님 여래는 대비심으로 체를 삼으시는 까닭에 중생으로 인하여 대비를 일으키시고, 대비로 인하여 보리심을 내시고, 보리심으로 인하여 등정각을 이루신다.

비유하면 광야의 모래벌판에 큰 나무가 있어 만약 뿌리가 물을 얻으면 가지와 잎과 꽃과 열매가 모두 다 번성하고 무성함과 같이, 생사 광야의 보리수왕도 또한 다시 이와 같다. 일체 중생이 나무뿌리가 되고, 모든 부처님과 보살들이 꽃과 열매가 되어, 대비의 물로써 중생들을 요익하면 곧 모든 부처님과 보살들의 지혜의 꽃과 열매를 성취할 수 있다.

무슨 까닭인가? 만약 모든 보살들이 대비의 물로써 중생들을 요익하면 곧 아뇩다라삼먁삼보리를 성취할 수 있기 때문이다.

그러므로 보리가 중생에게 속하니 만약 중생이 없으면 일체 보살이 마침내 위없는 정각을 이룰 수 없다.

선남자여, 그대는 이 뜻을 마땅히 이와 같이 알아야 한다. 중생들에게 마음이 평등한 까닭에 곧 원만한 대비를 성취할 수 있으며, 대비심으로써 중생을 따르는 까닭에 곧 여래께 공양 올림을 성취할 수 있다.

보살이 이와 같이 중생들을 수순하니, 허공계가 다하며 중생계가 다하며 중생의 업이 다하며 중생의 번뇌가 다하여도, 나의 이 수순함은 끝까지 다함이 없다.

생각생각 상속하여 끊임이 없으나, 몸과 말과 뜻의 업은 피로해하거나 싫어함이 없다.

다시 또 선남자여, 널리 다 회향한다는 것은, 처음 예배로부터 내지 수

순의 있는 바 공덕을 모두 다 온 법
계 허공계의 일체 중생에게 회향하
는 것이다.

원하기를 '중생들로 하여금 항상 안
락을 얻고 모든 병고가 없게 하며, 행
하고자 하는 나쁜 짓은 모두 다 이루
어지지 아니하고, 닦는 바 선업은 모
두 속히 성취하며, 일체 모든 나쁜 갈
래의 문은 닫아 폐하고, 인간과 천상
에 열반의 바른 길을 열어 보이며, 만
약 모든 중생들이 그 쌓아 모은 모든
악업으로 인하여 받게 되는 바 일체

극히 무거운 고통의 과보는 내가 모두 대신 받아서, 그 중생들로 하여금 다 해탈을 얻어 구경에 무상보리를 성취케 하여지이다.'라고 하는 것이다.

보살이 이와 같이 닦은 바를 회향하니, 허공계가 다하며 중생계가 다하며 중생의 업이 다하며 중생의 번뇌가 다하여도, 나의 이 회향은 끝까지 다함이 없다.

생각생각 상속하여 끊임이 없으나, 몸과 말과 뜻의 업은 피로해하거나 싫어함이 없다.

선남자여, 이것이 보살마하살의 열 가지 큰원이 구족하게 원만한 것이다. 만약 모든 보살들이 이 대원에 수순하여 나아가면 곧 능히 일체 중생을 성숙시키며, 곧 능히 아뇩다라삼먁삼보리를 수순하며, 곧 능히 보현 보살의 모든 행원바다를 원만하게 성취할 것이다. 그러므로 선남자여, 그대는 이 이치를 마땅히 이와 같이 알아야 한다.

만약 선남자 선여인이 시방의 한
량없고 가없어 말할 수 없이 말할 수
없는 부처님 세계 극히 미세한 티끌
수의 일체 세계에 가득한 가장 미묘
한 칠보와 모든 인간과 천상의 가장
수승한 안락으로써, 그러한 바 일체
세계의 있는 바 중생들에게 보시하
며 그러한 바 일체 세계의 모든 부처
님과 보살들께 공양 올리기를, 그러
한 바 부처님 세계의 극히 미세한 티
끌 수의 겁을 지나도록 계속하여 끊
이지 않아서 얻는 바 공덕과, 만약

다시 어떤 사람이 이 원왕을 듣고 한 번 귀에 스쳐간 있는 바 공덕을 비교하면, 앞의 공덕은 백분의 일에도 미치지 못하며 천분의 일에도 미치지 못하며 내지 우파니사타분의 일에도 또한 미치지 못한다.

혹 다시 어떤 사람이 깊은 신심으로 이 대원을 수지하거나 독송하거나 내지 한 사구게만이라도 베껴 쓴다면 다섯 가지 무간 지옥에 떨어질 죄업이라도 속히 제거해 없앨 수 있다.

있는 바 세간의 몸과 마음 등의 병과 갖가지 고뇌와 내지 부처님 세계의 극히 미세한 티끌 수의 일체 악업이 다 소멸하게 되며, 일체 마군과 야차와 나찰과 혹 구반다와 혹 비사사와 혹 부다 등, 피를 마시고 살을 먹는 모든 악귀신이 모두 다 멀리 떠나며 혹은 때로 발심하여 가까이서 수호할 것이다.

그러므로 만약 이 원을 외우는 사람은 세간에 다니더라도 장애가 없는 것이, 공중의 달이 구름 가린 데

에서 벗어난 것과 같다. 모든 부처님과 보살들의 칭찬하시는 바이며, 일체 인간과 천신이 다 마땅히 예경하며, 일체 중생이 다 마땅히 공양할 것이다.

이 선남자는 사람 몸을 잘 받아서 보현의 있는 바 공덕을 원만히 하고, 오래지 않아 마땅히 보현 보살과 같이 미묘한 색신을 속히 성취하여 서른 두 가지 대장부 상을 갖출 것이다.

만약 인간이나 천상에 태어나면 가

는 곳마다 항상 수승한 종족에 태어
날 것이다. 일체 나쁜 갈래를 모두
능히 파괴하며, 일체 나쁜 친구를 모
두 능히 멀리 여의며, 일체 외도를 다
능히 항복받고, 일체 번뇌에서 다 능
히 해탈하는 것이, 마치 사자왕이 뭇
짐승들을 꺾어 굴복시키는 것과 같
으며 일체 중생의 공양을 받을 수 있
을 것이다.

또 다시 이 사람이 목숨을 마칠 때
에 다다른 최후 찰나에 일체 모든 근
이 모두 다 무너져 흩어지며, 일체

친척 권속이 모두 다 버리고 떠나며,
일체 위세가 모두 다 잃어져, 고관대
작과 궁성 안팎과 코끼리와 말과 수
레와 진귀한 보배 창고 등, 이와 같
은 일체가 다시 서로 따르는 것이 없
다.

　오직 이 원왕만은 서로 버리고 여
의지 아니하여 어느 때나 그 앞에서
인도하여 한 찰나 동안에 곧 극락세
계에 왕생함을 얻고, 이르러서는 곧
아미타 부처님과 문수사리 보살과
보현 보살과 관자재 보살과 미륵 보

살들을 친견할 것이다.

이 모든 보살들이 색상이 단엄하고 공덕이 구족하여 함께 둘러싸 있을 것이다.

그 사람은 연꽃 가운데 태어나서 부처님의 수기 받음을 스스로 보고, 수기를 받고는 무수한 백천만억 나유타 겁을 지나도록 널리 시방의 말할 수 없이 말할 수 없는 세계에서 지혜의 힘으로 중생의 마음을 따라 이롭게 할 것이다.

오래지 아니하여 마땅히 보리도량

에 앉아서 마군을 항복받고 등정각을 이루며, 미묘한 법륜을 굴리어, 능히 부처님 세계의 극히 미세한 티끌 수 세계의 중생들로 하여금 보리심을 내게 하고 그 근성을 따라 교화하여 성숙시키며, 내지 미래 겁바다를 다하도록 널리 일체 중생을 능히 이롭게 할 것이다.

선남자여, 그 모든 중생들이 이 큰 원왕을 혹 듣고 혹 믿으며 받아 지니고 독송하며 널리 남을 위하여 설하면, 있는 바 공덕이 부처님 세존 외에는 알 자가 없다.

그러므로 그대들은 이 원왕을 들음
에 의심을 내지 말고 마땅히 자세히
받으며, 받고는 능히 읽으며, 읽고는
능히 외우며, 외우고는 능히 지니며,
내지 베껴 쓰고, 널리 남을 위하여
설해야 할 것이다.

이 모든 사람들은 한 생각 가운데
있는 바 행원을 다 성취함을 얻으며,
얻는 바 복더미가 한량없고 가없어
서 능히 번뇌의 큰 고통바다 가운데
서 중생들을 구제하여, 그들로 하여

금 벗어나서 모두 아미타 부처님의 극락세계에 왕생함을 얻게 할 것이다."

그때에 보현 보살마하살이 이 뜻을 거듭 펴려고 널리 시방을 관찰하고 게송을 설하여 말씀하였다.

있는 바
시방 세계 가운데
삼세의

일체 인사자를
내가 청정한
몸과 말과 뜻으로
일체에 두루 예경하여
다 남음이 없이 하며

보현 행원의
위신력으로
일체 여래 앞에
널리 나타나며
한 몸으로 다시
세계 티끌 수 몸을 나타내어

일일이 세계 티끌 수
부처님께 두루 예경합니다.

한 티끌 가운데
티끌 수 부처님께서
각각 보살 대중모임
가운데 계시며
다함없는 법계의 티끌에도
또한 그러하여
모든 부처님께서 다 충만하심을
깊이 믿으며

각각 일체

음성바다로

다함없는 미묘한

언사를 널리 내어서

미래의 일체 겁을

다하도록

부처님의 매우 깊은

공덕바다를 찬탄합니다.

모든 가장 수승하고 미묘한

꽃과 꽃다발과

기악과 바르는 향과

일산과
이와 같은 가장 수승한
장엄거리로
내가 모든 여래께
공양 올리며

가장 수승한 의복과
가장 수승한 향과
가루향과 사르는 향과
등과 촛불을
낱낱이 모두
수미산 같은 무더기로

내가 다 모든 여래께
공양 올리며

내가 광대하고 수승한
이해의 마음으로
일체 삼세의
부처님을 깊이 믿으며
모두 보현의
행원력으로
모든 여래께
널리 두루 공양 올립니다.

내가 옛적에 지은 바
모든 악업이
다 비롯함 없는
탐진치로 말미암아
몸과 말과 뜻을 따라
생겨난 것이니
일체를 내가 이제
모두 참회합니다.

시방 일체
모든 중생들과
이승과

유학 및 무학과

일체 여래와

보살들의

있는 바 공덕을

다 따라 기뻐합니다.

시방의 있는 바

세간의 등불과

최초에 보리를

성취하신 분께

내가 이제

일체 다

위없는 미묘한 법륜
굴리시길 권청합니다.

모든 부처님께서
열반을 보이시려 하면
내가 다 지성으로
오직 원하오니
세계 티끌 수 겁 동안
오래 머무르시어
일체 모든 중생들을 즐겁게 해주시길
권청합니다.

있는 바 예경하고 칭찬하며
공양 올린 복과
부처님께 세간에 머무르시고
법륜 굴리시길 청함과
따라 기뻐하고 참회한
모든 선근을
중생들과 불도에
회향합니다.

내가 일체
여래를 따라 배워서
보현의 원만한 행을

닦아 익히되

과거

모든 여래와

현재

시방의 부처님과

미래 일체 천인사께

공양 올리어

일체 뜻의 즐거움을

다 원만히 하며

내 원하오니

널리 삼세를 따러 배워서

속히 대보리를
성취하여지이다.

있는 바
시방 일체 세계의
광대하고 청정하며
미묘한 장엄에
대중들이 모여
모든 여래를 둘러싸 모시어
다 보리수왕
아래에 계시니

시방의 있는 바
모든 중생들이
근심 걱정을 여의고
항상 안락하며
매우 깊고 바른 법의
이익을 얻어서
번뇌를 멸해 없애어
다 남음이 없기를 원합니다.

내가 보리를 위하여
수행할 때에
일체 갈래 중에서

숙명통을 이루고
항상 출가하여
청정한 계를 닦아서
때가 없고 파함도 없고
새어나옴도 없으며

천신과 용왕과
야차와 구반다와
내지 사람과
사람 아닌 것 등
있는 바
일체 중생의 말을

다 모든 음성으로
설법하며

청정한 바라밀을
부지런히 닦아서
항상 보리심을
잊지 않으며
장애와 때를
남김없이 멸하여 없애고
일체 미묘한 행을
다 성취하며

모든 혹업과

마군 경계와

세간의 길 가운데

해탈을 얻으니

마치 연꽃에

물이 묻지 않음과 같고

또한 해와 달이

허공에 머무르지 않음과 같도다.

일체 악도의 고통을

모두 없애고

평등하게 일체 군생에게

즐거움을 주되
이와 같이 세계 티끌 수
겁을 지나도록
시방을 이익케 하여
항상 다함없도다.

내가 항상
모든 중생들을 수순하여
미래 일체 겁을
다하도록
항상 보현의
광대한 행을 닦아서

위없는 대보리를
원만히 하리라.

있는 바 나와 더불어
동행하는 자가
일체 처에
함께 모이어
몸과 입과 뜻의 업이
모두 동등하여
일체 행원을
같이 수학하며

있는 바 나를 이롭게 하는
선지식도
나를 위하여
보현의 행을 나타내 보이고
항상 원하오니
나와 함께 모이어
나에게 항상 환희심을
내어지이다.

원하오니
항상 모든 여래와
모든 불자 대중들이

둘러싸 모심을 뵙고
그들에게 다 넓고
큰 공양 올리기를
미래겁이 다하도록
지치지 않아지이다.

원하오니 모든
부처님의 미묘한 법을 지니어
일체 보리행을
빛나게 나타내며
구경에 보현의 길을
깨끗이 하여

미래겁이 다하도록
항상 닦아 익혀지이다.

내가 일체
모든 존재 가운데
닦은 바 복덕과 지혜가
항상 다함없으며
선정 지혜 방편과
해탈로
모든 다함없는
공덕장을 얻으며

한 티끌 가운데
티끌 수의 세계가 있고
낱낱 세계에 사의하기 어려운
부처님이 계시는데
낱낱 부처님 처소의
대중모임 가운데
항상 보리행 연설하심을
내가 뵙습니다.

널리 온 시방의
모든 세계바다와
낱낱 터럭 끝의

삼세바다와
부처님바다와
국토바다에서
겁바다를 지나도록
내가 두루 수행합니다.

일체 여래의 말씀이
청정하심이여,
한 말씀이
온갖 음성바다를 갖추고
모든 중생들의 뜻에
즐겨하는 음성을 따라

낱낱이 부처님의
변재바다를 흘려내도다.

삼세의 일체
모든 여래께서
그 다함없는
언어바다로
항상 이치의
묘한 법륜을 굴리시니
내가 깊은 지혜의 힘으로
널리 능히 들어가리라.

내가 능히 미래에
깊이 들어가서
일체의 모든 겁을
일념으로 삼고
삼세에 있는 바
일체의 겁을
일념의 즈음으로 삼아
내가 다 들어가리라.

내가 한 생각에
삼세의
계시는 바 일체

인사자를 뵙고
또한 항상
부처님 경계 가운데 들어감은
환과 같은 해탈과
위신력이로다.

한 터럭 끝의
극히 미세한 것 가운데
삼세의 장엄한 세계가
나타나며
시방 티끌세계의
모든 터럭 끝에

내가 다 깊이 들어가
깨끗이 장엄하리라.

있는 바 미래의
세간을 비추는 등불이
성도하고 법륜 굴려
중생들을 깨닫게 하시며
구경에 불사로
열반을 보이시리니
내가 다 나아가
친근하리라.

속히 두루하는

신통의 힘과

넓은 문에 두루 들어가는

대승의 힘과

지혜와 행을 널리 닦는

공덕의 힘과

위신력으로 널리 덮는

대자의 힘과

두루 깨끗하게 장엄한

수승한 복덕의 힘과

집착이 없고 의지함이 없는

지혜의 힘과

선정과 지혜와 방편의

모든 위엄의 힘과

널리 능히 쌓아 모은

보리의 힘과

청정한 일체

선업의 힘과

일체 번뇌를

꺾어 소멸한 힘과

일체 모든 마군을

항복받는 힘과

보현의 모든 행을
원만하게 한 힘으로

널리 능히 모든 세계바다를
깨끗이 장엄하며
일체 중생바다를
해탈케 하며
모든 법바다를
잘 능히 분별하며
능히 지혜바다에
매우 깊이 들어가며

널리 능히 모든 행바다를

청정히 하며

일체 모든 원바다를

원만히 하며

모든 부처님바다를 친근하고

공양 올리며

겁바다를 지나도록

게으름 없이 수행하리라.

삼세의 일체

모든 여래의

가장 수승한 보리의

모든 행원을
내가 다 공양 올리고
원만히 닦아서
보현행으로
보리를 이루리라.

일체 여래께
장자가 있으니
그 명호는
보현존이라
내가 이제 모든 선근을
회향하여

모든 지혜와 행이 다
그와 같아지기를 원합니다.

원하오니 몸과 입과
뜻이 항상 청정하고
모든 행과 세계 또한
다시 그러하며
이와 같은 지혜를
보현이라 이름하니
내가 그와 더불어
다 같아지기를 원합니다.

내가

보현의 행과

문수사리의 모든 대원을

두루 깨끗이 하고

그 사업을 다 남김없이

원만히 하여

미래제의 겁 동안

항상 게으름이 없으며

내가 수행하는 바가

한량이 없어서

한량없는 모든

공덕을 얻으며
한량없는 모든 행 가운데
안주하여
일체 신통력을
요달하리라.

문수사리의
용맹한 지혜와
보현의 지혜행도
또한 다시 그러하니
내가 이제 모든 선근을
회향하여

그분들을 따라 일체를
항상 수학하리라.

삼세 모든 부처님께서
드날려 찬탄하신 바인
이와 같은 가장 수승한
모든 대원이여,
내가 이제
모든 선근을 회향하여
보현의 수승한 행을
얻으려 합니다.

원하오니 내가 목숨을

마치려 할 때에 다달아

일체 모든 장애를

다 없애고

아미타 부처님을

만나 뵈어

곧 안락세계에

왕생하여지이다.

내가 이미 그 국토에

왕생하고는

눈 앞에서

이 대원을 성취하여
일체를 다 남김없이
원만히 하여
일체 중생계를
이롭고 즐겁게 하리라.

그 부처님께 모인 대중이
다 청정하고
내가 이때
수승한 연꽃에 태어나서
여래의 무량한 광명을
친히 뵈오며

그 앞에서 나에게
보리의 수기를 주시리라.

그 여래의
수기를 받고는
수없는 백 구지의
몸으로 변화하며
지혜의 힘이 광대하여
시방에 두루해서
널리 일체 중생계를
이롭게 하리라.

내지
허공 세계가 다하며
중생과 업과
번뇌가 다하며
이와 같이 일체가
다함없는 때에
나의 원도 구경에
항상 다함없으리라.

시방에 있는 바
가없는 세계의
장엄한 온갖 보배를

여래께 공양 올리며

가장 수승한 안락을

천신과 인간에게 베풀어

일체 세계 미세한 티끌 수의

겁을 지날지라도

어떤 사람이

이 수승한 원왕에

한 번 귀에 스치어

능히 신심을 내어서

수승한 보리를 구하는

마음이 간절하면

수승한 공덕을 얻음이
저보다 초과하리라.

곧 항상 악지식을
멀리 여의고
일체 모든 악도를
길이 여의며
속히 여래의 한량없는
광명을 뵙고
이 보현의
가장 수승한 원을 갖추면

이 사람은

수승한 수명을 잘 얻고

이 사람은

잘 와서 사람 가운데 나며

이 사람은

오래지 않아 마땅히

그와 같은 보현 보살의 행을

성취하리라.

옛적에 지혜의 힘이

없음을 말미암아

지은 바 극악한

다섯 가지 무간이라도
이 보현의
대 원왕을 독송하면
한 생각에
속히 모두 소멸하리라.

종족의 종류와
용모의 형색과
상호와 지혜가
다 원만하며
모든 마군과 외도가
꺾을 수 없고

삼계의 공양에
응할 바가 되리라.

큰 보리수왕에
속히 나아가
앉아서 모든 마군들을
항복시키고
등정각을 이루고
법륜을 굴려서
널리 일체 모든 함식들을
이익케 하리라.

누구든지
이 보현의 원을
독송하고 수지하고
연설하면
과보는 오직 부처님만
능히 증득해 아시리니
결정코 수승한
보리도를 얻으리라.

누구든지 이 보현의
원을 독송하면
내가 선근의

조금만 말하되
한 생각에 일체를
모두 다 원만히 하여
중생의 청정한 원을
성취하리라.

내가 이 보현의
수승한 행의
가없는 수승한 복을
다 회향하오니
널리 고통에 빠져 있는
모든 중생들이

무량광 부처님 세계에
속히 왕생하여지이다.

그때에 보현 보살마하살이 여래의
앞에서 이 보현의 넓고 큰 원왕의 청
정한 게송을 설해 마치니, 선재동자
가 한량없이 뛸 듯이 기뻐하고, 일체
보살이 모두 크게 환희하니, 여래께
서 칭찬해 말씀하시되 "선재 선재"
라 하시었다.

그때에 세존께서 모든 성자인 보살
마하살들과 더불어 이와 같은 불가

사의한 해탈 경계의 수승한 법문을
연설하실 때에, 문수사리 보살을 상
수로 한 모든 큰 보살들과 성숙된 육
천비구들과, 미륵 보살을 상수로 한
현겁의 일체 모든 큰 보살들과, 번뇌
없는 보현 보살을 상수로 한 일생보
처로서 정수리에 물을 붓는 지위에
머무른 모든 큰 보살들과 그리고 나
머지 시방의 갖가지 세계에서 널리
모여 온 일체 세계바다의 극히 미세
한 티끌 수의 모든 보살마하살 대중
들과, 큰 지혜 있는 사리불과 마하목

건련 등을 상수로 한 모든 큰 성문들과, 아울러 모든 인간과 천상의 일체 세주와, 천신과 용과 야차와 건달바와 아수라와 가루라와 긴나라와 마후라가와 사람과 사람 아닌 등의 일체 대중이, 부처님께서 설하신 바를 듣고 모두 크게 환희하여 믿고 받아 받들어 행하였다.

〈대방광불화엄경 보현행원품〉

회향송

아차보현수승행
무변승복개회향
보원침익제중생
속왕무량광불찰

시방삼세일체불
제존보살마하살
마하반야바라밀

我此普賢殊勝行
無邊勝福皆迴向
普願沈溺諸眾生
速往無量光佛剎

十方三世一切佛
諸尊菩薩摩訶薩
摩訶般若波羅蜜

간행의 말씀

　귀의삼보하옵고,

　『대방광불화엄경』의 수지 독송과 유통을 발원하면서 수미정사 불전연구원에서 『독송본 한문·한글역 대방광불화엄경 보현행원품』과 『사경본 한글역 대방광불화엄경 보현행원품』을 편찬하여 간행하게 되었습니다.

　『화엄경』은 우리나라에 전래된 이래 일찍부터 사경되고 주석·강설되어 왔으며 근·현대에 이르러서는 『화엄경』의 한글 번역과 연구도 부쩍 많이 이루어졌습니다. 특히 40권 『화엄경』(「입부사의해탈경계보현행원품」)의 제40권인 「보현행원품」이 널리 독송되어 왔습니다. 그만큼 『화엄경』이 우리 불자님들의 신행과 해탈에 큰 의지처가 되었던 것임을 알 수 있습니다.

　이에 수미정사 불전연구원에서도 『화엄경』 80권과 아울러 「보현행원품」을 독송하고 사경하는 데 도움이 되도록 한문 원문과 한글역을 함께 수록한 독송본과 한글역의 사경본 『화엄경』 간행불사를 발원하였습니다.

　이 『화엄경』 간행불사에 뜻을 같이하여 적극 후원해주신 분들께 깊이 감사드립니다. 또한 『화엄경』을 수지 독송할 수 있도록 경책의 모습으로 장엄해주신 편집위원들과 담앤북스 출판사 관계자들에게도 고마움을 표합니다.

　끝으로 이 불사의 원만회향으로 『화엄경』이 널리 유통되고 온 법계에 부처님의 가피가 충만하시길 기원드립니다.

　나무 대방광불화엄경 _()_

불기 2567년 '부처님오신날'을 봉축하며
수미해주 합장

위태천신(동진보살)

수미해주 須彌海住

동국대학교 명예교수
중앙승가대학교 법인이사
대한불교조계종 수미정사 주지

사경본 한글역

대방광불화엄경 보현행원품

| 초판 1쇄 발행_ 2023년 5월 24일

| 엮은이_ 수미해주
| 엮은곳_ 수미정사 불전연구원
| 편집위원_ 해주 수정 경진 선초 정천 석도 박보람 최원섭
| 편집보_ 무이 무진 지욱 혜명

| 펴낸이_ 오세룡
| 펴낸곳_ 담앤북스
　　　　서울특별시 종로구 새문안로3길 23 경희궁의 아침 4단지 805호
　　　　대표전화 02)765-1251 전자우편 dhamenbooks@naver.com
　　　　출판등록 제300-2011-115호
| ISBN_ 979-11-6201-397-7 04220

정가 10,000원
ⓒ 수미해주 2023